EL CIELO ES UN LUGAR MARAVILLOSO

escrito por Joanne Marxhausen

ilustrado por Ben Marxhausen y Ed Koehler

EDITORIAL CONCORDIA • SAINT LOUIS

Mucho tiempo atrás

Dios decidió que yo viviera.

Nací.

Camino

y hablo.

Canto

y río.

Trabajo,

y juego.

A veces lloro.

Y a veces hago cosas

que a Dios no le agradan.

Dios dijo,

"Cualquier persona que hace cosas malas debe morir...

¡PARA SIEMPRE!"

¡Eso lastima mucho!

Nunca más podré cantar y reír.

Sólo habrá llanto,

¡y el llanto no terminará jamás!

Pero Dios está tan
lleno de amor

que quiere que
todos vivamos...

PARA SIEMPRE.

Así que Dios decidió

que Jesús viviera

y le mostrara a las personas

cuánto Dios las ama.

Jesús nació.

Caminó

y habló.

Cantó

y se rió.

Trabajó,

y jugó.

A veces lloró.

Pero Jesús nunca hizo algo

que a Dios no le agradara.

Jesús vivió una vida perfecta

por todas las personas...

¡incluso por mí!

Y Dios decidió

que Jesús debía morir

por todas las personas...

¡incluso por mí!

Así que Jesús murió.

Pero Jesús era verdadero Dios,

y no murió para siempre...

¡JESÚS VIVE OTRA VEZ!

Ahora Jesús vive dentro de mí

así que cuando yo muera,

no va a ser para siempre.

Cuando yo muera,
simplemente voy a dejar
de vivir en esta tierra

y voy a vivir
nuevamente
en el cielo.

¡Va a ser tan
lindo en el cielo!

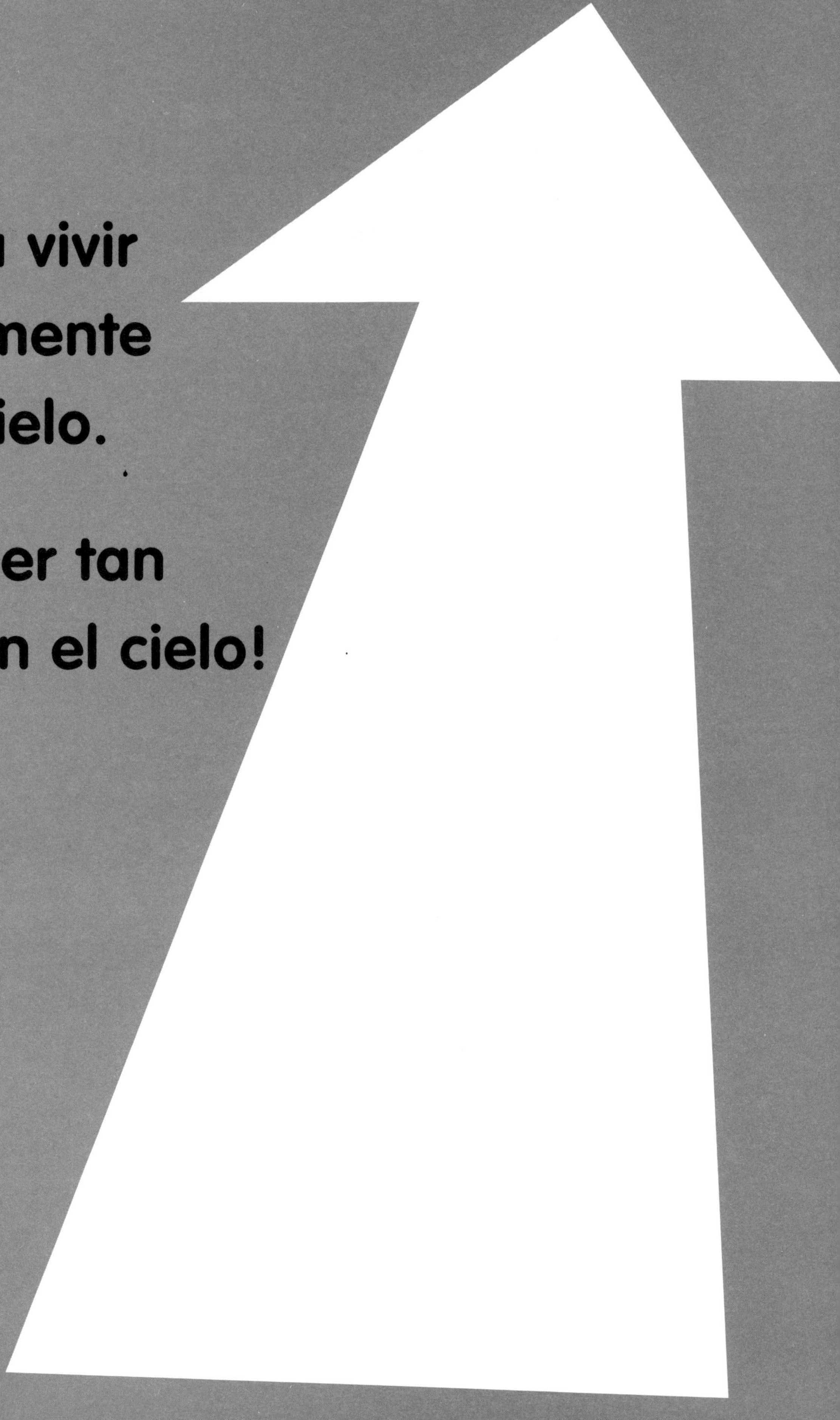

Piensa en los paisajes más bellos de este mundo.

El cielo es
aún más bello...
¡tan bello como nadie se lo
puede imaginar!

Piensa en los colores
más brillantes que hay.

El cielo es aún más brillante...

¡y nunca se oscurecerá!

Piensa en las cosas más felices que te puedan suceder.

El cielo es aún más feliz...

y allí nunca más nadie llorará.

Piensa en el momento más tranquilo
que jamás hayas tenido.

El cielo es aún
más tranquilo...
allí nunca habrá guerra...
allí nada saldrá mal...
allí nadie va a estar solo
o con miedo...
¡¡amás!

Piensa en el momento
más divertido
que alguna vez tuviste.

El cielo es aún más divertido...
y la diversión durará
¡PARA SIEMPRE!

Dios sabe cuando moriré,

él sabe el momento perfecto...

porque Dios es muy sabio.

No tendré miedo de morir...

porque viviré

en una felicidad brillante y hermosa

que no tendrá fin...

¡y veré a Jesús!

Tal vez Dios decidió
que yo viva
aquí en la tierra

por un largo, largo tiempo.

Dios dijo:

"Con Jesús viviendo dentro de ti,
puedes tener ahora mismo
un poquito de la paz y la
felicidad del cielo.

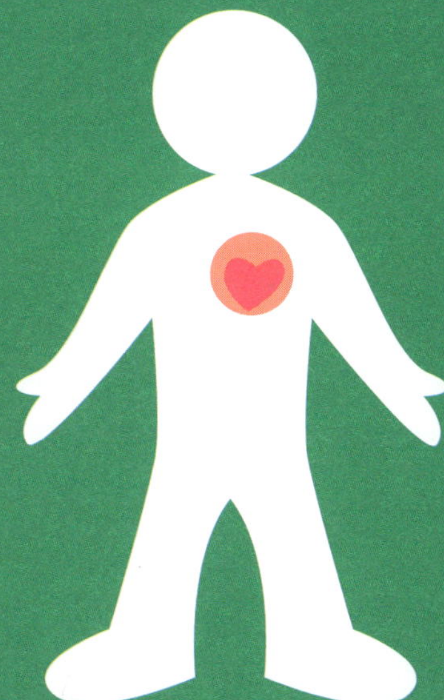

Todo lo que tienes
que hacer es... amar."

El amor es paciente.

El amor es bondadoso.

El amor no es envidioso.

El amor se regocija con la verdad.

El amor no es rudo.

El amor no se da por vencido.

El amor es fiel.

El amor
no es
jactancioso.

El amor
no es
egoísta.

El amor
no tiene
miedo.

El amor
no se enoja
fácilmente.

El amor
no le hace
mal
a
nadie.

El amor pasa
por alto las
faltas.

El amor
jamás
se extingue.

Quiero ser feliz

mientras vivo en la tierra.

Jesús me ayudará a amar

mientras viva aquí.

3558 S. Jefferson Avenue, St. Louis, MO 63118-3968

1-877-450-8694 • www.editorial.cph.org

Editorial Concordia es la división hispana de Concordia Publishing House.

Impreso en los Estados Unidos de América

1 2 3 4 5 6 7 8 9 10 17 16 15 14 13 12 11 10 09 08